Winteridylle

28 Naturzeichnungen

Marjolein Bastin

Die Natur ist ihre Inspiration.

Schon seit frühester Jugend zeichnet
Marjolein Bastin Naturmotive.
Heute gilt sie als eine der bekanntesten
Naturzeichnerinnen weltweit.

Ihre Zeichnungen bestechen neben ihrer Kunstfertigkeit
durch eine einzigartige Detailtreue,
die sie als eine aufmerksame und einfühlsame
Beobachterin ausweist.

Darüber hinaus vermittelt Marjolein Bastin
dem Betrachter ihrer Werke in den dazugehörigen
einfühlsamen Texten viel Wissenswertes über Fauna
und Flora in den verschiedensten Regionen dieser Erde.

Marjolein Bastin lebt mit ihrer Familie
in den Niederlanden und den USA.

Winteridylle

Die wunderbare Welt der Marjolein Bastin

Kleines Vogelnest – ein Kunstwerk der Natur

Ein schönes kleines Vogelnest,
das Marjolein geschenkt bekommen und
das sie detailgetreu nachgezeichnet hat.
Wie man sieht, wurde rund um die Nestmulde
die abgestreifte Haut einer Schlange gewoben
– wahrlich ein Kunstwerk der Natur.

Marjolein Bastin

Das Rotkehlchen - ein Weihnachtsvögelchen

Auch im Winter ist das Rotkehlchen ständig anwesend.
Die warme rote Farbe seiner Brust hebt sich
deutlich vom Weiß des Schnees ab.
Mal hier, mal da hüpft und flattert das Rotkehlchen,
immer in der Nähe von Menschen.
Schon früh am Morgen beginnt es mit seinem Gesang.
Gerade in der dunklen Jahreszeit rund um Weihnachten
ist es noch auffallender, weil alle anderen Vögel das Singen
für eine gewisse Zeit auf Eis gelegt haben.

Rot sind auch die Beeren der Stechpalme.
Die Stechpalmenkugeln tragen schon drei Monate lang
rote Beeren, aber erst Ende Dezember sind es
Weihnachtsstechpalmen geworden.

Marjolein Bastin

Ed und Fred – Gäste in Marjoleins Garten

Nr. 3

Marjolein sind diese beiden Hirsche „zugelaufen".
Vor ungefähr zehn Jahren sprang Ed über den Zaun
in den Garten und wollte nicht mehr weichen.
Er ist gut an seinem nicht ganz perfekten Geweih
zu erkennen – die vorderen Geweihenden
hängen nach unten.

Fünf Jahre später tat Fred es ihm nach.
Auch er wurde sesshaft.
Ed und Fred sind unzertrennliche Freunde geworden
– immer sind sie zusammen.
Und mit dem weiblichen Geschlecht
wollen beide nichts zu tun haben ...

Marjolein Bastin

Die Mistel – Symbol der Unsterblichkeit

Die Beeren des Mistelgewächses sind weiß.
Wenn man sie öffnet, findet man ein Samenkorn darin,
gut versteckt in dem weiß schimmernden
klebrigen Fruchtfleisch. Vor allem die Drosseln
sind ganz wild auf die Beeren.

Im Winter fallen die Sträucher inmitten der
ansonsten blätterlosen Bäume sofort ins Auge.
Ein festliches Grün in der kalten weißen Winterwelt.
Die Mistel ist das Symbol der Unsterblichkeit,
auch ein Glücksbringer – und ein Versprechen,
dass das Licht zurückkehrt ...

Ein Weihnachtsbaum – prächtig geschmückt

„International" ist Marjoleins Weihnachtsbaum.
Die Kuh samt Glocke stammt aus der Schweiz.
Die Schäfchen wurden auf dem Weihnachtsmarkt
in München erstanden. Der rote Vogel ist ein Kardinal,
der einen Weihnachtsbaum bei Hallmark in Kansas-City
schmückte, bevor Marjolein ihn geschenkt bekam,
als sie dort zum ersten Mal war. Die Sterne haben Sohn
und Tochter ausgeschnitten, als sie noch Kinder waren.

Der antike Kinderstuhl wird für Marjoleins Enkelin
wieder „in Betrieb genommen" ...

Marjolein Bastin

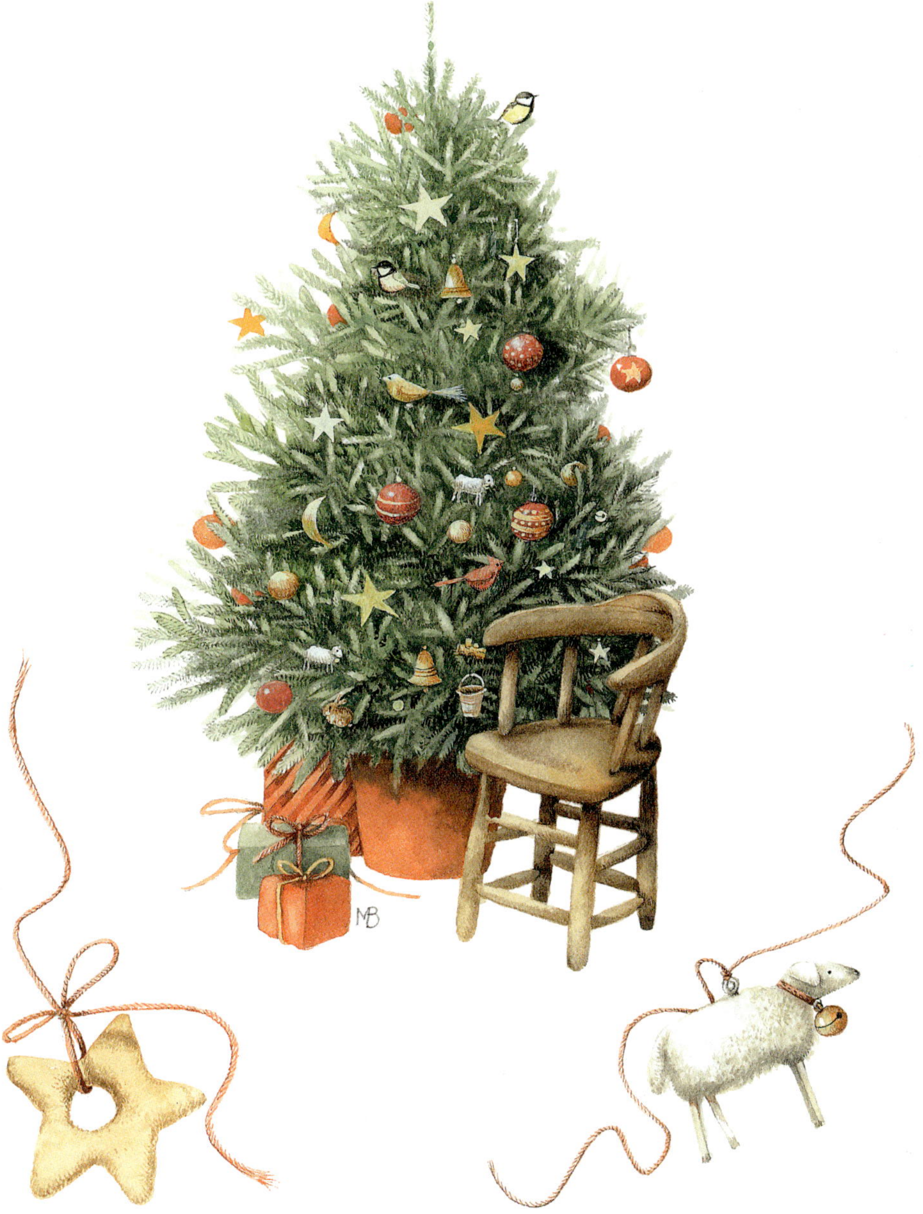

Stille Nacht, Heilige Nacht

Nr. 6

„Die Hirten lagen bei Nacht,
sie lagen bei Nacht in dem Feld,
sie hielten getreu die Wache,
sie hatten ihre Schäfchen gezählt ..."

Eine Schafherde in einer kalten,
klaren Winternacht.
Schauen sie auch nach oben?
Sehen sie den Stern,
der den Weg nach Bethlehem,
zum Geburtsort Jesu Christi weist?

Marjolein Bastin

Verzauberndes zur Winterzeit

Nr. 7

Ein Rotkehlchen hat sich auf einem Pfahl
niedergelassen, der eine Schneehaube trägt.
Seine Brust leuchtet rot in der weiß verschneiten
Landschaft – ein beeindruckender Kontrast.

Aufmerksam schaut das Rotkehlchen
von seinem „Beobachterposten" in die Stille
– der Schnee dämpft jedes Geräusch.

Eine verzaubernde Szenerie, die ein glückliches,
friedvolles Weihnachtsfest verheißt ...

Gartentörchen ohne Garten ...

Irgendwo in den Niederlanden,
weit weg von zu Hause,
entdeckte Marjolein in den Dünen
dieses kleine Gartentörchen.
Es stand nur so da, fristete sein Dasein,
ohne dass es den Weg in einen Garten
eröffnete.

Es ist rot angestrichen
– in der Farbe der Wärme,
des Mutes und der Zuversicht.
Ein Symbol für das neue Jahr?

Marjolein Bastin

Ein Prachtkerl von Schneemann

Nr. 9

Ein prächtiger Kerl, den Marjoleins Enkelin
da mit Unterstützung gebaut hat.
Vom Fenster ihres Arbeitszimmers sieht Marjolein,
wie große Schneebälle für Körper und Kopf
des Schneemanns unermüdlich
herangerollt werden.

Für Augen und Mund sind die Steine aus dem Bach
hinter Marjoleins Garten genau das Richtige.
Aus gebogenen Zweigen bekommt der Schneemann
seine Ohren, aus Tannenzweigen sein Haar,
und kleine Stöcke sind die Knöpfe seines Winterkleides.

Dieser Schneemann ist ein wirklicher Prachtkerl,
der noch spätabends im Lichtkegel des Hauses
zu bewundern ist.

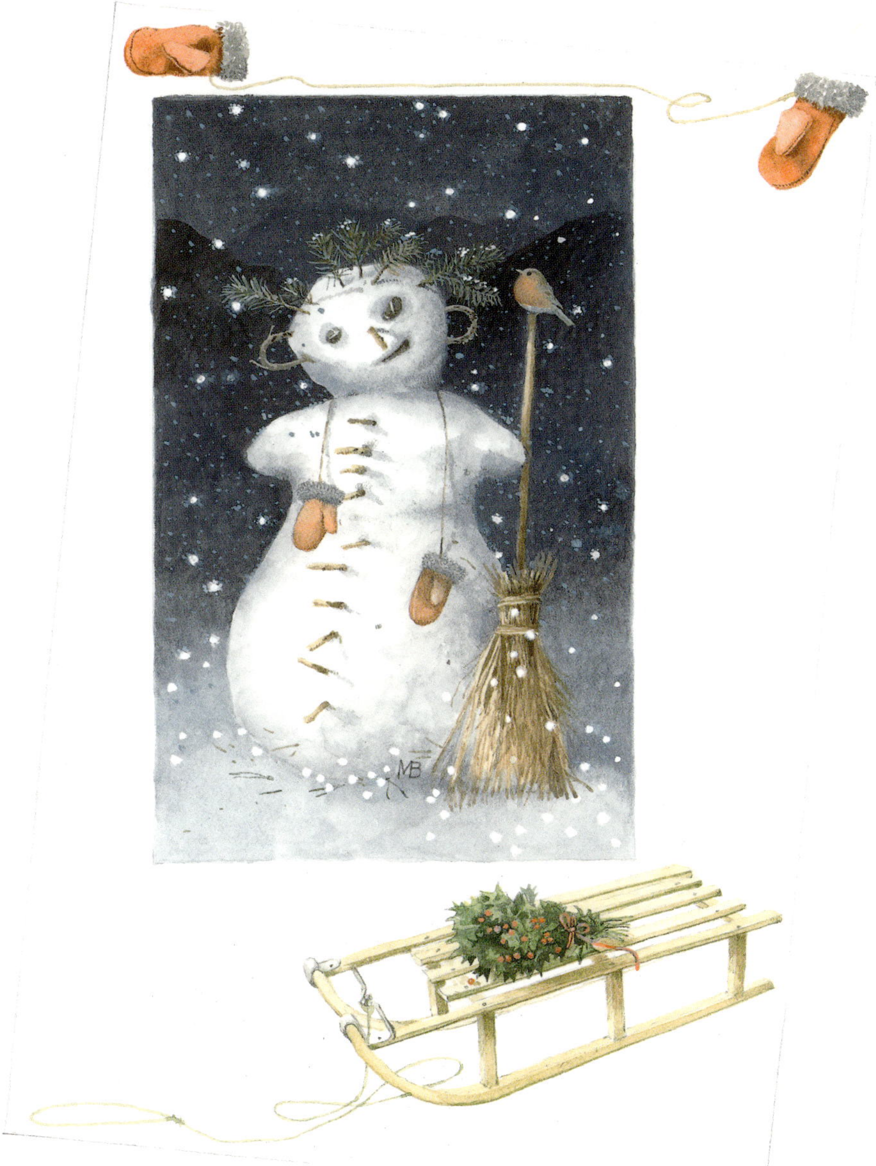

Marjolein Bastin

Hirsche in Amerika

Nr. 10

Der Weihnachtsbaum ist geschmückt,
der Tisch schön dekoriert.
Die Kerzen sind angezündet,
und die Musik spielt.
Es ist Weihnachten.

Draußen liegt ein wenig Schnee.
Die Hirsche stehen dort und warten geduldig
auf ihre Nasch-Ration Mais,
die Marjolein ihnen nicht nur
zu Weihnachten anbietet.

Ein perfektes Motiv für eine
stimmungsvolle Weihnachtskarte ...

Marjolein Bastin

Eichhörnchen „auf Achse"

Ein possierlicher kleiner Kerl ist das,
der seinen Kobel verlassen hat
und jetzt auf einem Baumstumpf hockt.

Eigentlich sind Eichhörnchen in der kalten Jahreszeit
fast gänzlich aus unserem Blickfeld verschwunden.
Sie schlafen viel und futtern ihre Wintervorräte.
Dafür haben sie schon im Herbst fleißig gesammelt:
Mengen von Eicheln, Tannenzapfen und Nüssen.
Im Winter bewegen sie sich so gut wie gar nicht.

Dieses Eichhörnchen hat sich auf den Weg gemacht.
Es scheint neugierig zu schauen,
ob es etwas Interessantes zu entdecken gibt ...

Die große Fetthenne – ein Schmaus für Meisen

Verblühte Blumen muss man nicht
vor dem Winter abschneiden.
Wunderschön sind die Schirme der Großen Fetthenne
und auch die Kugeln der Bergamotte.

Aber nicht nur, weil es schöner aussieht,
sollten sie noch stehen bleiben:
Es gibt auch für die Vögel noch einiges zu holen.

In der Stille des Gartens hört man
die Kontaktrufe der Meisen, das sanfte Aufschlagen
der Tautropfen auf den Boden und das Rascheln,
wenn eine Maus schnell verschwindet.
Sogar das Kleckern beim Futtern der Samenkörner
ist zu hören, wenn sie auf die trockenen Blätter fallen ...

Um den Schlaf gebracht ...

Die Blaumeise hat in ihrem Schlafhäuschen
in dieser Silvesternacht bestimmt kein Auge zugetan.

Knallfrösche, Heuler, ein Krachen und Pfeifen.
Am dunklen Himmel zeigt sich ein Feuerwerk in allen Farben.
Pulverdampf liegt in der Luft.
Glockengeläut!

Guten Morgen, liebe Blaumeise!
Das neue Jahr ist da. Es ist noch früh,
und alles ist mucksmäuschenstill.
Bei Bedarf kann jetzt noch
ein Nickerchen gemacht werden ...

Marjolein Bastin

Weihnachtsstern - internationale Weihnachtsblume

Nr. 14

Der Weihnachtsvogel in den USA
ist der rote Kardinal,
vergleichbar mit dem Rotkehlchen
in Europa.

In dieser Zeichnung sind roter Kardinal
und Rotkehlchen brüderlich vereint:
rund um den Weihnachtsstern –
die internationale Weihnachtsblume.

Marjolein Bastin

Ein Zaunkönig kriegt Gesellschaft

Nr. 15

Dieser prächtige Weidenkorb mit roten Beeren
steht vor Marjoleins Fenster.
Er wird von einem Zaunkönig in seine
tägliche Inspektionsrunde aufgenommen:
wie alles, was auf dem Boden steht.

Als Marjolein den ersten Entwurf
dieser schönen Szenerie anfertigt, hört sie
plötzlich ein heftiges Pfeifen und Schimpfen.
Wie sich herausstellt, hat sich
ein zweiter Zaunkönig dazugesellt.
Natürlich wird auch er direkt
in die Skizze integriert ...

Marjolein Bastin

Imbiss auf die Schnelle

Die Schnur mit Erdnüssen am Vogelhäuschen
hat einige Tage den Meisen und Kleibern Freude gemacht.
Für sie waren die Köstlichkeiten eigentlich gedacht.

Aber auch die Eichhörnchen zeigen sich äußerst interessiert.
Ruck, zuck haben sie die Schnur zerbissen,
und alle Erdnüsse purzeln auf den Boden.
Schnell zuschlagen und dann wieder ab in den Wald ...

Kein mühsames Herumsuchen, ein Nüsschen hier,
ein Samenkorn dort ... Hier ist die Tafel reich gedeckt.
Das war garantiert nicht ihr letzter Besuch ...

Marjolein Bastin

Am Neujahrsmorgen

Ein neues Jahr beginnen ist fast so
wie eine neue Zeichnung beginnen.
Der Blick aus ihrem Fenster
gibt Marjolein das Thema vor.

Alles ist vereist, nichts rührt sich.
Plötzlich hüpft ein Rotkehlchen
auf den Korb, verharrt dort fast regungslos
und schaut nur um sich.
Seine Augen glänzen dunkel.
Mit seinen schnellen Atemzügen
bewegen sich seine weit gespreizten
Flaumfederchen sanft auf und nieder ...
Ist der kleine Vogel der Vorbote
für ein gutes neues Jahr?

Marjolein Bastin

Buffet im Vogelhäuschen

Auch im und auf dem Vogelhäuschen
im Garten von Marjoleins Tochter
Sanna ist jede Menge Betrieb.
Kein Wunder! Schließlich ist auch hier
die Tafel üppig gedeckt.
Es kann nach Herzenslust gepickt werden.

Marjolein mutmaßt, dass es dieselben Besucher sind,
die sie auch in ihrem Garten beobachten kann.

Ganz schön clever, die „Kollegen" …
Am besten bauen sie ihre Nester in der Mitte
zwischen beiden Häusern.
Da sind die Wege nicht weit …

Marjolein Bastin

Stillleben zum Neujahrsanfang

Der Wintermorgen ist herrlich still.
Ein leerer Skizzenblock
mit vielen weißen Blättern
und eine Packung bunter Stifte
liegen schon bereit.
Eine neue Zeichnung kann entstehen ...

Die prächtig roten Beeren
haben einen Gast angelockt.
Die Natur bietet
so viele schöne Motive ...

Zwischenstopp der Blaumeisen

Nr. 20

Es hat ordentlich geschneit,
und die Fetthennen tragen
ihre dicken Schneemützen.

Die Mittagssonne steht tief, da landen
Blaumeisen in Marjoleins Garten.
Schon im Sommer sind sie
eine auffällige Erscheinung,
erst recht im Winter, wenn alles weiß
und grau gezeichnet ist.

Wenn es richtig kalt wird, ziehen
die Blaumeisen fort in den Süden.
Am nächsten Tag war die kleine
Reisegesellschaft auch verschwunden,
aber nicht, ohne sich vorher
mit den Beeren der Stechpalmen
für ihren langen Flug zu stärken.

Schneebeeren: Blickfang im Winter

„Schneebeere" heißt sie auf Deutsch,
„Symphoricus albus" ist ihr lateinischer Name.
Ursprünglich stammt sie aus Nordamerika.
Erst zum Ende des neunzehnten Jahrhunderts
gelangte sie nach Europa.

Eigentlich ein etwas unscheinbares Sträuchlein,
dessen rosafarbene Miniblüten vom Juni bis September
zu sehen sind – von Bienen und Hummeln
emsig frequentiert. Auch Vögel – wie das Rotkehlchen
in Marjoleins Zeichnung – mögen die Schneebeeren gern.

Aber im Winter, wenn alle Bäume ihre Blätter
verloren haben und die Welt überwiegend
aus Braun- und Grautönen besteht,
sind die weißen Beeren ein entzückender Blickfang.

Marjolein Bastin

Waldmaus in Amerika

Als Marjolein an einem bitterkalten Wintertag
mit vor Kälte schmerzenden Zehen diese Maus entdeckt,
weiß sie sofort, dass sie sie zeichnen wird.

Ganz vorsichtig holt die kleine Waldmaus
eine Hagebutte nach der anderen nach unten,
um genussvoll die Kerne ans Tageslicht zu holen
und sie sich einzuverleiben.

Marjolein beobachtet ein feines Zusammenspiel
von klitzekleinen Fingerchen und messerscharfen Schneidezähnchen.
Die Schnurrbarthaare sind ununterbrochen in Bewegung
– die Öhrchen gespitzt. Bei allem Genuss:
Man muss schon auf der Hut sein und beobachten,
ob Gefahr droht …

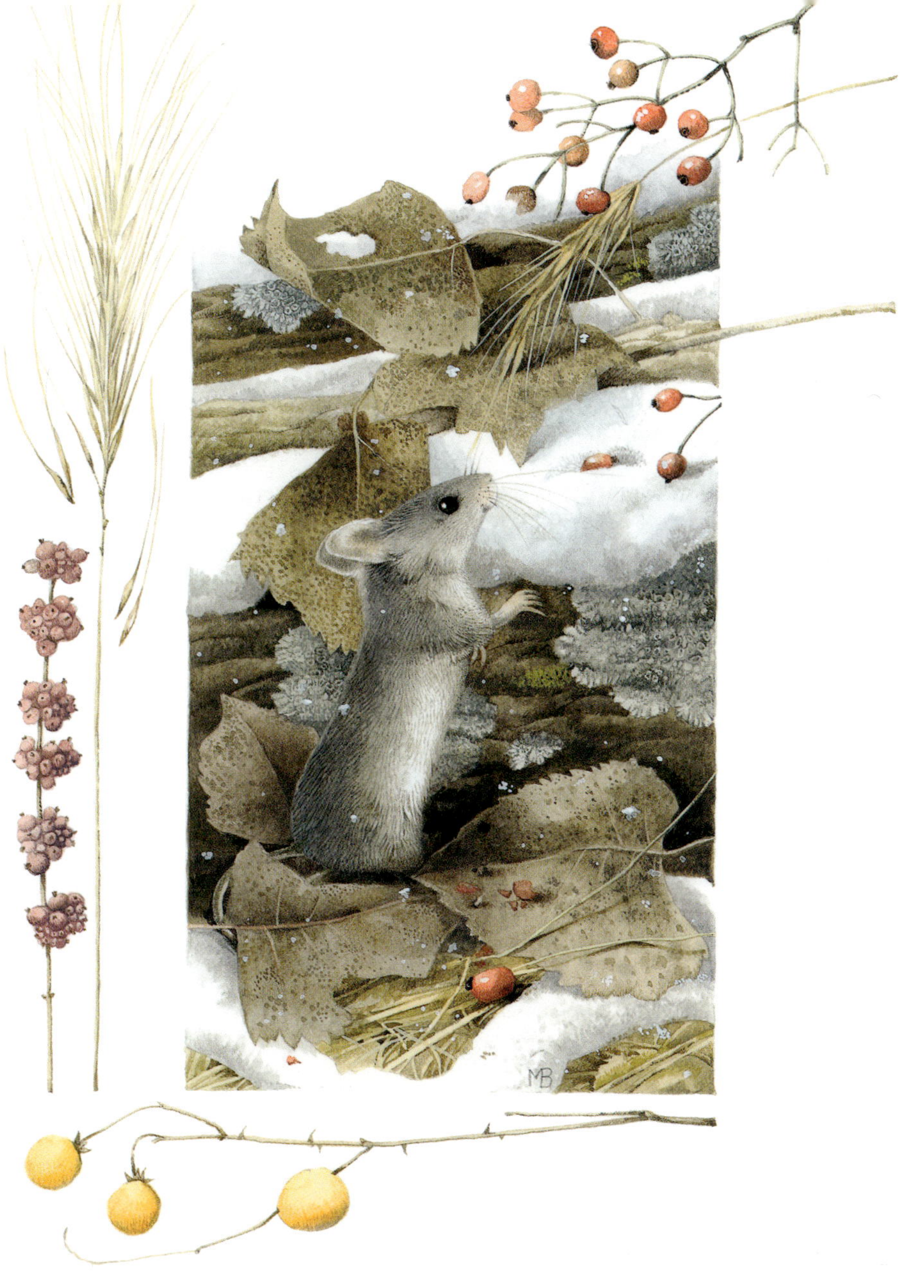

Marjolein Bastin

Lagerlogistik auf „Waldmaus-Art"

Nr. 23

Es friert, es schneit ab und an, und eine große Menge
an Sonnenblumenkernen, Meisenknödeln und Erdnüssen
wird jetzt benötigt.

Während die Eichhörnchen – die „Vandalen" –
die Erdnuss-Netze zernagen, gibt es Konkurrenz:
Morgens, wenn es hell wird, sind die Töpfchen
und Tellerchen, die Marjolein nach draußen vors
Fenster gestellt hat, leer geputzt.

Eines Abends – im Licht der Abendlampe:
Das Rätsel ist gelöst. Waldmäuse!
Sie futtern sich die Bäuchlein rund,
und was noch übrig bleibt, schleppen sie
zur Keramikflasche – sie passen gerade
durch den schmalen Flaschenhals.
Eine klug gewählte Vorratskammer – denn dort
kommen die Vögel einfach nicht heran …

Perfekte Tarnung

Dieser Stammgast ist schwierig zu entdecken.
Man hört die Nägelchen auf dem Baumstamm kratzen.
Ab und zu segeln einige Rindenstückchen nach unten
– und doch ist der Akteur kaum zu entdecken.

Die Farbe seiner Federn und das fleckenähnliche Muster
bewirken, dass er aussieht wie ein Stück Rinde.
Erst als er zu seinem nächsten Baum wegfliegt,
verrät er sich: der Gartenbaumläufer ...

Mit seiner gebogenen „Pinzette" schnappt er sich,
den ganzen Stamm systematisch abarbeitend,
alles, was klein ist: Raupen, Puppen, Schmetterlingseier.

Mit seinen kräftigen Schwanzfedern
stützt er sich bei seiner Arbeit ab: genau so,
wie die Spechte das machen.

Schneeglöckchen I

Im Februar sehnt man nach Wochen
mit Schnee und Eis den Frühling herbei.
Aber noch ist es nicht so weit.
Auch im Februar gibt es noch eisig
kalte Wintertage und -nächte.

Da heben schöne Schneeglöckchen die Stimmung.
Drei weiße Kronblätter umhüllen
die drei kleineren mit dem grünen Fleck.
Gemeinsam hängen sie wie ein beschützender Reifrock
ber den Staubgefäßen und dem Blütenstempel.
Nachts oder wenn es regnet, schließen sich die Glöckchen.

Ziemlich mutig, mit dem Blühen zu beginnen,
wenn die Füße noch in der gefrorenen Erde stehen.
Wenn man dann auch noch ab und zu
eine Ladung Schnee auf den Kopf bekommt ... Hut ab!

Posierdendes Rotkehlchen

Nr. 26

Jeden Morgen, wenn es noch dunkel ist,
und auch, wenn es schneit,
fängt das Rotkehlchen zu singen an.

Der Gartenteich friert an den Rändern langsam zu.
Binsen, Schilfrohr und Schneeflocken machen daraus
ein japanisches Bild.

Wo sich das Rotkehlchen auch hinsetzt,
dehnt es die kleinen Flaumfederchen auf Rücken
und Brust, um die Körpertemperatur zu halten.

Es scheint nur für Marjolein zu posieren,
um von ihr gezeichnet zu werden ...

Frierende Spatzen

Brrrrrr – ist das kalt heute.
Ein Grüppchen frierender Spatzen
sitzt auf dem Gitter: aufgeplustert,
den Nacken eingezogen,
die Füßchen warm unter den Federn.
Alles, was nach draußen lugt,
wird sofort kalt.

Sie verhalten sich ähnlich
wie Menschen an der Bushaltestelle,
die frierend auf den Bus warten,
findet Marjolein.
Den Kragen hochgestellt,
die Schultern hochgezogen,
die Hände in den Taschen …

Schneeglöckchen II

Schneeglöckchen sind vielsagend
wie Rosen: eine Botschaft
der Hoffnung und der Liebe.

Nicht in Gewächshäusern gezogen
oder aus fernen Landen eingeflogen,
sondern mutig gewachsen
aus ihren Blumenzwiebeln
in Marjoleins Garten.
So sind sie hier in ihrer anmutigen
Schönheit mit Stift und Pinsel
zu Papier gebracht.

Marjolein Bastin

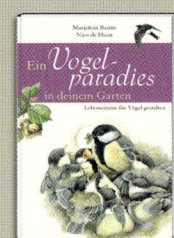

Babybuch rosa
€ 14,95
ISBN 978-3-7843-3307-6

Babybuch blau
€ 14,95
ISBN 978-3-7843-3308-3

Adressbuch
€ 8,95
ISBN 978-3-7843-3456-1

Notizbuch
€ 8,95
ISBN 978-3-7843-3457-8

Vogelparadies
€ 6,95
ISBN 978-3-7843-3386-1

Liebevoll illustrierte Geschenkbücher

Saar büxt aus
€ 12,95
ISBN 978-3-7843-5159-9

Popje wird Künstlerin
€ 12,95
ISBN 978-3-7843-5160-5

Vera feiert Weihnachten
€ 12,95
ISBN 978-3-7843-5155-1

Naturkalender
128 Seiten, Spiralbindung,
58 Illustrationen, Innentasche,
Format: 15 × 21 cm
€ 11,95

Jedes Jahr aufs Neue
wunderschön!

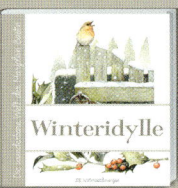

An Meer, Teich und Fluss
€ 9,95
ISBN 978-3-7843-5167-4

Herbst-impressionen
€ 9,95
ISBN 978-3-7843-5165-0

Winteridylle
€ 9,95
ISBN 978-3-7843-5166-7

Wir lieben das Landleben.

Kalender-Blechpostkarte
Format:
10 x 14 cm
€ 7,95
Art.-Nr.: 70228

Notizzettel-Blech 1, links
Format: 10 x 20 cm
€ 9,95
Art.-Nr.: 84994

Notizzettel-Blech 2, rechts
Format: 10 x 20 cm
€ 9,95
Art.-Nr.: 84995

Schöne, praktische Dinge für Ihr Zuhause

Magnet-Set
Box-Format:
7 x 9,3 x 2 cm
€ 9,95
Art.-Nr.: 83087

Thermometer 1, links
Format:
6,5 x 28 cm
€ 14,95
Art.-Nr.: 80176

Thermometer 2, rechts
Format:
6,5 x 28 cm
€ 14,95
Art.-Nr.: 80177

Kreidetafel
Format: 30 x 40 cm
€ 17,95
Art.-Nr.: 63152

Kalender-Blechschild
Format: 30 x 40 cm
€ 17,95
Art.-Nr.: 63153

www.buchweltshop.de

Impressum

LV·Buch
im Landwirtschaftsverlag GmbH, 48084 Münster

© Marjolein Bastin, 2011
© Landwirtschaftsverlag GmbH, Münster-Hiltrup, 2011

Herausgegeben von Sabine Deing-Westphal

Illustrationen: Marjolein Bastin

Konzeption und Lektorat: Sabine Deing-Westphal, Rhede

Gestaltung: Monika Wagenhäuser, LV·Buch

Druck: Drukkerij Wilco BV, Amersfoort, Niederlande

ISBN 978-3-7843-5166-7